BEI GRIN MACHT SICH IHR WISSEN BEZAHLT

- Wir veröffentlichen Ihre Hausarbeit, Bachelor- und Masterarbeit

- Ihr eigenes eBook und Buch - weltweit in allen wichtigen Shops

- Verdienen Sie an jedem Verkauf

Jetzt bei www.GRIN.com hochladen und kostenlos publizieren

Bibliografische Information der Deutschen Nationalbibliothek:

Die Deutsche Bibliothek verzeichnet diese Publikation in der Deutschen Nationalbibliografie; detaillierte bibliografische Daten sind im Internet über http://dnb.d-nb.de/ abrufbar.

Dieses Werk sowie alle darin enthaltenen einzelnen Beiträge und Abbildungen sind urheberrechtlich geschützt. Jede Verwertung, die nicht ausdrücklich vom Urheberrechtsschutz zugelassen ist, bedarf der vorherigen Zustimmung des Verlages. Das gilt insbesondere für Vervielfältigungen, Bearbeitungen, Übersetzungen, Mikroverfilmungen, Auswertungen durch Datenbanken und für die Einspeicherung und Verarbeitung in elektronische Systeme. Alle Rechte, auch die des auszugsweisen Nachdrucks, der fotomechanischen Wiedergabe (einschließlich Mikrokopie) sowie der Auswertung durch Datenbanken oder ähnliche Einrichtungen, vorbehalten.

Impressum:

Copyright © 2018 GRIN Verlag
Druck und Bindung: Books on Demand GmbH, Norderstedt Germany
ISBN: 9783668747678

Dieses Buch bei GRIN:

https://www.grin.com/document/432841

Janos Pletka

Inszenierte Integration in den Alltag. Anmerkungen zur Pornifizierung in der Gesellschaft

GRIN Verlag

GRIN - Your knowledge has value

Der GRIN Verlag publiziert seit 1998 wissenschaftliche Arbeiten von Studenten, Hochschullehrern und anderen Akademikern als eBook und gedrucktes Buch. Die Verlagswebsite www.grin.com ist die ideale Plattform zur Veröffentlichung von Hausarbeiten, Abschlussarbeiten, wissenschaftlichen Aufsätzen, Dissertationen und Fachbüchern.

Besuchen Sie uns im Internet:

http://www.grin.com/

http://www.facebook.com/grincom

http://www.twitter.com/grin_com

Inszenierte Integration in den Alltag.
Zur pornifizierten Gesellschaft.

Inhaltsverzeichnis

1. Die Kulturwissenschaftlerin und die „Porn Studies"...3
2. Pornografie und persönliche Integrität...5
3. Länderunterschiede und Subkultur...6
4. Pornografie und Geist...7
5. Gesellschaft ohne Pornografie – Fiktion oder Utopie?...8
6. Fazit..9
7. Literaturverzeichnis..10

1. Die Kulturwissenschaftlerin und die „Porn Studies"

Corinna Rückert ist eine deutsche Kulturwissenschaftlerin, die sich in ihrer Promotion mit Pornografie auseinandergesetzt hat und gegen jegliche Dramatisierung des Pornos wendet. Dem gegenüber stehen kritische „Ciritcal Porn Studies", die sich eher mit dem Verhältnis von Sexualität, Pornografie und Kapitalismus befassen. Was Corinna Rückert aufmacht ist typisch für den Pro-Porno-Point-of-Worldview: Pornografie sei nicht gleich Sexualität, Sexuelle Gewalt ist nicht gleich Pornografie und Pornografie habe mit Frauenunterdrückung keine Gleichsetzung anzuerkennen. Zusätzlich ist in den Artikeln und Abschriften zu lesen, dass Pornografie feindefinitorisch gar nicht bestimmt sei, dass es sich um die grafische Abbildung sexueller Handlungen handele, die eine gesellschaftliche Randerscheinung bilden würden (Rückert 2010). Normal sozialisierte PornokonsumentInnen besäßen die Fähigkeit, zwischen Phantasie und Realen durchaus unterscheiden zu können.

Schön flankiert wird dabei aber jedwede Analyse ausgeklammert, die vielleicht mal erklären kann, warum alle diese Scheinwelt denn brauchen ? Vielleicht ansatzweise mal mit Mitteln psychoanalytischer und kritischer Theorie. Der Kapitalismus hat gelernt, die Pornografie in sein Verwertungssystem zu integrieren. Es ist besser die libidinösen Energien des Menschen warenförmig konsumerabel zu machen, als Sie zu unterdrücken aufgrund moralischer oder religiöser Einstellungen. Für den Kapitalismus gibt es nur den Gott des Profits, und aus den sexuellen Begierden des Menschen lassen sich wunderbar warenförmige Szenerien und Produkte schafften, die das Triebfeuer zu löschen vermögen. Vom Porno in die Sucht, dies ist kein seltenes Phänomen, eine nicht-stoffgebundene Sucht, die die sexuelle Abstumpfung vom Härtegrad befreit, und Sie immer weiter nach oben hin deckelt. Auf Erotik geht schon längst keiner mehr ab, die Pornografisierung hat derbe zugeschlagen auf dem Markt der sexuellen Möglichkeiten. Was ganz früher mal der Erotikkalender war, das ist heute der Hardcore-Porno, der sein muss, um die sexuelle Erregung zu befeuern.

In der Pornografie spiegeln sich gesellschaftliche Einstellungen zur Sexualität wider. Einstellungen heißt ein potentes Leistungsprinzip, das Ying und Yang aus Männlichkeit und Weiblichkeit, eine stringente sexuell ausbeutbare Geschlechterordnung. Pornografie schafft soziale Inklusionsfiguren, wie den allseits immer potenten erigierten Phallus/ Mann, die lüsterne weibliche Figur, die voller Wollust bereitsteht für den sexuellen Akt. Der Pornografie, und da hat Rückert ja recht, geht es um die „Inszenierung sexueller Phantasien". Doch wie inszeniert man sexuelle Phantasie am besten? Indem man sich von dem Ideal der romantischen Liebe zunächst entkoppelt, denn diese würde nicht in die warenförmige Fluktuation des Pornifizierten passen. Also ein Porno dauert im Schnitt 15-25 Minuten und ist nach klaren Kriterien gegliedert. Ein bisschen Szenerie drum herum, Villaambiente oder Pool, Kleidung und Make-Up, schon steht die Regie. Romantische Liebe hat im engeren Sinne etwas mit Zärtlichkeit, und weniger mit wollustartiger

Sinnlichkeit zu tun (Freud'sche Trennung). Es geht der Romantik, und das kann der Porno bei weitem nicht, um das individuell angepasste Bedürfnis nach Liebe, Vertrauen, Nähe und Zuneigung und seiner Befriedigung. Die gesellschaftlichen Einstellungen zur Sexualität haben sich in den letzten Jahrzehnten gewandelt. Von der Prüderie der 1950er über die 1968er, die die sexuelle Revoultion verkündeten, haben wir heute nach wie vor das herrschende Ideal der intimisierten romantischen Liebe bei einer Ko-Existenz von (perverser) befreiter Lust.

Der Sozialpsychologe Helmut Kentler stellte schon fest: Eine Überflussgesellschaft braucht eine nicht-repressive Sexualmoral (Steffen 2014), da sich alles andere für die Konsumgesellschaft negativ auswirken würden. Warum sollte man in einer Gesellschaft, in der es nur um Warenwerte geht, nicht noch die Sexualität kommerzialisieren? Dagegen spricht, dass Sexualität ein Bereich nicht-kommerzialisierter Intimiät sein sollte, eine Sphäre, die aus dem bunten Schein der Warenwelt heraustritt. Die Erziehung in unserer Gesellschaft zum freudigen Konsumenten versucht an vielen Stellen zum Nachsehen des Jugendschutzes und anderer Schutzmechanismen die Pornifizierung zu fördern. Der Utopie-Ansatz in den Porn-Studies sieht den Porno als Befreiung einer sexuell repressiven gesellschaftlichen Entwicklung an, doch der Porno-Konsument setzt sich in der Betrachtung der Porno-Industriellen Ware einer vakanten Selbst-Repression aus.

Pornifizierung ist ein guter Begriff aus der Kombination von Pornografie und Infektion. „Porn-Infection". Ein Mensch gilt dann als pornifiziert, wenn sich sein Denken und Handeln nach sexualisierten Kriterien bemisst, was den Bereich seiner Sexualität und der Attraktivität möglicher Geschlechtspartner anbelangt.
Die Antwort einer pornografisierten Sexualgesellschaft ist eine hypersexualisierte Mainstream-Kultur, die weder Mainstream nach den Bedürfnissen der Konsumenten, noch in der Praxis hypersexuell wird, sie wird eher weniger sexuell (aktiv) Weil sie sich an der Pornifizierung viralisiert! Die hypersexualisierte Oberfläche durch die Pornografie und die Porno-Industrie, die diese steuert, kann die Beziehungslosigkeit unter Menschen fördern.
Pornografie ist eine *entgrenzte Illusionierung* menschlicher Sexualitäten. Sie ist illusionierend, weil Sie zeigen soll, wie geil der Sex sein kann, und dabei in der Realität doch oftmals nicht ist (wie wir alle wissen). Die mediale Scheinwelt des Pornos ist eine Welt unbegrenzter sexueller Möglichkeiten und Gelüste. Man sollte sich bewusst werden, dass die Pornografie die Sexualität, an die sie ja anknüpft, auf eine *rein sexuelle Ebene* reduziert. Die Pornografie leistet hierbei eine Komplexitätsreduktion, in dem sich sexuelle Inhalte auf eine billige, schnell konsumierbare Form reduziert und kommodifiziert. Wer täglich Pornografie konsumiert, der wird auf lange Sicht auch die Lust am Sex verlieren, da er zunehmend universalisiert und vereinheitlicht, monoton und langweilig wird. Das Verlangen wird nicht mehr real erprobt oder befriedigt, sondern nur noch digitalisiert durch die heißen Videos.

2. Pornografie und persönliche Integrität

Der Porno verletzt oftmals nicht nur die Würde der Darsteller, die sich körpertechnisch verkaufen, sondern er tastet auch unsere Würde als PornografiekonsumentInnen an. Integrität ist das Wirken von Lebensprinzipien und realem Handeln. Der Porno-Konsument lässt eine hohe Verletzbarkeit seiner Sexualität in der täglichen Betrachtung zu. Unsere Wertebasis wird durch die perversen Ausbeutungsmechanismen des Pornos täglich aufs Neue erschüttert. Die kleine Frau, blond, Europid, wird von großen, afroamerikanischen Männern mit XL-Penis penetriert, Der Porno wird dann in der Regel mit „Tiny blond girl enjoys XL-Black-Cocks" verkauft und schon ist die halbe Miete für die männliche Erektion bezahlt. Spielerisch greift die Pornografie in unsere Schamgrenzen ein, wir finden es plötzlich geil, wenn die junge Frau ihren Körper hergibt für die maskulinen schwarzen Männer mit den 22x6. Welche Grenzen verletzt die Darstellung? Unser Über-Ich sagt nicht, dass es schändlich wäre, wenn eine junge Weiße mit Schwarzen ins Bett gehen würde, sondern der Verkauf der jungen Weißen in Form einer Verkörperlichung ruft bei uns Widerstreben hervor. Millionen von Männern werden auf diesen Porno ornanieren, alle moralischen Fragen werden kurzerhand über Bord geworfen. Die perverse Ausbeutung für der kommerzialisierten Porno-Industrie kennt keine menschlichen, moralischen, psychologischen und kulturellen Grenzen! Fragen nach dem Zustand des Mädchen interessieren in dem Video nicht, Sie kann psychisch krank oder behindert sein, ihre Mutter kann gerade gestorben sein, das einzige was zählt die kurzfristige Vefügbarkeit ihres Körpers für den eigenen Orgasmus (Wenn man den denn noch erreicht im Meer der Pornografie). Die Pornografie trifft unsere persönliche Integrität auch im Alltag unserer persönlichen Sexualität- auf Partnerbörsen für Sex wie bei Gayromeo flippt der Screen auf wie auf einer Pornoseite, Tausende Profile mit geilen Männern. Man muss sich nur noch in die richtige Kategorie selektieren. Die Übertragung der Oberfläche von pornografischen Seiten auf Partnerbörsen suggiert eine Multi-Optionalität der Kontaktauswahl. In der Rigidität des Selektionsmechanismus (s.a. sexualisierte Vergesellschaftung), kann sich aber jeder schnell die wahren Chancen ausrechnen. Die Oberfläche alleine erinnert an Pornografie Seiten. Mit dem richtigen Klick zum richtigen Sexpartner. Die Pornofizierung, der wir uns durch die Teilnahme an solchen Plattformen aussetzen, setzt geschickt auf eine Ästhetisierung des Körperlichen, mit der die meisten dieser Profile für sich werben. Ein XL- Schwanz heißt noch lange nicht, dass der Sex zum perfekten Automatismus wird, aber viele denken in diesen **sexualisierten Kategorien**.

Pornografie spricht auch die Vergänglichkeit des Sex an. Sie führt durch Ihr Wirken die Frage nach „Gutem Sex" ad absurdum, weil es gar nicht mehr um den Sex als Genussmittel geht, sondern er wird wie eingangs beschrieben, zum warenförmigen Abfallprodukt. Wenn der Porno von gestern so alt ist, dass ist auch der Sex von gestern schon wieder längst vergessen. Es ist unstrittig, dass die Pornografisierung auch das Besondere an unserem persönlichen Sexualleben ausmerzen kann. Pornografie löscht die Note und Erinnerung an ein besonderes Erlebnis aus. Sie kann zudem das Verlangen fördern, sich zwangsweise sexuell zu vergesellschaften. Nicht um den Willen der Notwendigkeit, aber aus Anpassungsgründen.

Des Weiteren setzt die digitalisierte Oberfläche der potenziellen Kontakauswahl die Menschen zueinander in Konkurrenz, die beständig wächst. Sie führt schlussendlich zur besseren, schnelleren und effizienten Austauschbarkeit der Sexualpartner, denn die Verlockungen der sexuellen Freiheit. Dieser fallen gerade bei Schwulen immer viele zum Opfer und düpieren damit ihre sexuelle und persönliche Integrität. Auch zur Libido hat die Pornografie ein komisches Verhältnis. Libido im Sinne von Begehren wird vorgesetzt, das was zu sehen ist, ist auch zu begehren. Im pornifizierten Dasein verschwimmt aber die Grundessenz des Begehren. Begehren stumpft ab, es wird beliebig und kann sich bei all den Hardcore-Porno Videos gar nicht mehr entfalten.

3. Länderunterschiede und Subkultur

In England gibt es eine starke sexualisierte Populär-Kultur, sowohl unter Schwulen als auch Heterosexuellen. In den USA stellen wir eine deutliche Doppelmoral aus Prüderie und Hypersexualisierung fest (Viele Porno-Unternehmen haben Ihren Sitz in den USA). Gerade für die USA ist der Bruch im puritanistischen Ideal der Schamhaftigkeit eine Zäsur. Ein Land, das viele Evangelikale vereint, kann nur schwer akzeptieren, dass die Pornografie für viele zum wesentlichen Bestandteil der Kultur gehört.
Viele Religiöse kritisieren die Porno-Freiheit in den USA aus „guten, ehrwürdigen" Gründen. Die zu beobachtende sexuelle Demütigung der Frauen wird von den Kritikern sehr progressiv aufgenommen. Wiederum anders ist der Trend in Deutschland: Bis 1970 war die Pornografie in Westdeutschland verboten. Seit der Entkriminalisierung wirkt die Pornografie im Verborgenen, zerstört Ehen und Partnerschaften. Schätzungsweise 8 Millionen Pornografie-Schauende Männer leben in der Bundesrepublik. Je nach Erregungssymbolik werben verschiedene Plattform um Anschlussfähigkeit, im BDSM- Fetisch Bereich Recon, für die nicht auf dem grenzenlosen Trip der Latex-Geilheit verbliebenen Schwulen bleiben Plattformen wie Gayromeo und Grindr übrig.
Die hypersexualisierte Gesellschaft bei den Homosexuellen gibt der Sexualisierung über die moderne digitale Nutzung den passenden „Speed". Dabei sind Charaktere für Schwule in kurzfristiger Geilheit nur „Sexualcharaktere". Die sexualisierte Kulturalisierung bei Schwulen hat sich kritisch gesehen zu einem porn-positiven Sexualdiskurs entwickelt. Die Selektion, die unter

Schwulen stattfindet, führt oftmals zu Frustration und dass man eben keinen Partner mehr findet, bei hochgewachsenen Ansprüchen oder pornografischen Illusionen. Auf Plattformen wie Grindr und Gayromeo überträgt sich ein pornografischer Charakter, die Not des Triebes bei Schwulen in verschiedenen Lebenslagen findet in der sexualisierten Praxis ihren Widerhall. Dabei muss man sich doch mal die Frage stellen, was man davon hat, immer wieder dem sexuellen Begehren sich kurzfristig hinzugeben. Die Gefahr ist das Zerwürfnis der persönlichen Integrität und die Aufgabe der ursprünglich geplanten Lebensziele.

Was wir in der Übertragung auf die homosexuelle männliche Community sehen ist typisch für die Pornografie an sich: Der Einzelne zählt **nicht**, nur seine körperliche Bebautheit, die kurzerhand zur Verfügung stehen muss. Pornografie ist das Tor für bizarre Sexualpraktiken, die zwar in der Neugierde einen kurzfristigen Charme erwirken, aber für die meisten Menschen ganz sicher nicht das ursprüngliche Ziel sind, das Stillen der Ur-Sehnsucht nach Liebe und Anerkennung.

4. Pornografie und Geist

Die Pornografie ist ein grenzenloses Meer der täglichen Neuauflage, Pornografie muss sich selbst jeden Tag aufs Neue herstellen, damit der Reiz der Geilheit immer neu wirken kann (mal ganz unabhängig von den kommerziellen Interessen der Porno-Industrie).
Merke!   „**Nichts ist so alt, wie der Porno von gestern."** **Und das ist eine traurige Erkenntnis für jeden Pornografie-Süchtigen!"**
Wenn wir es mal angemessen betrachten, ist die Pornografie auch eine Form des Voyeurismus. Der User wird zum heimlichen Beobachter sexualisierter Darstellungen, die nur digital zeitversetzt stattfinden.
Wer zweimal mit derselben pennt, gehört schon zum Establishment. Der sexuellen Befreiung, die der Porno in sich selbst sieht, gehört die fortwährende Produktion neuer pornografischer Inhalte. Es geht dabei immer weniger um den Inhalt (weil der ändert sich ja kaum noch mit der Zeit, mal im Bus, mal im Wald, mal in der Waschküche als wandelnde Örtlichkeit), sondern es geht mehr um die neue Inszenierung der *Körperware*.
Dass eine repressive Sexualmoral sich dysfunktional auf den Erziehungsstil zum Konsumenten auswirken kann, ist nicht der einzige Grund. Eine repressive Sexualmoral kann auch Probleme wie Schuldgefühle, Depressionen, Sublimation, o.ä. anrichten. Doch i n der Pornografie wird die repressive Sexualmoral *nicht* abgeschafft. Der Porno ist nur eine mediale Scheinwelt sexueller Fantasien und Möglichkeiten. Die scheinbar repressive Moral in unserer Gesellschaft wird in der Pornografie nur erneut digital verpackt.   Wer den Porno abschafft, der schafft noch nicht die repressive Sexualmoral in der Gesellschaft ab. Wer Pornografie verstehen will, der muss auch die kurzfristige Funktion der Pornografie verstehen. Es geht um die kurzfristige Befriedigung von Lust,

dabei verkehrt der Porno aber die Grundebenen der sexuellen Triade aus Lust – Begehren/ Verlangen und Befriedigung. Der Porno liefert immer die sofortige bebilderte Befriedigung. Dabei wird unsere Fantasiewelt der Erotik und Sinnlichkeit jedoch weitesgehend ausgeschaltet. Beim pornografischen Video ist in der Regel alles geplant, man muss nur noch an die richtige Stelle „switchen", um zum Orgasmus zu kommen. Langfristig kann der Porno zu einer Verarmung des sexuellen Denkens und dem Ansprechen auf nicht-pornografische Inhalte führen. Die Lust auf sexuelle Aktivität kann durch die ständige Pornografie versiegen und Impotenz bis Frigidität kann sich bei Männern breit machen. Denn der Porno macht auch etwas mit unserem Belohnungssystem im Gehirn. Wir sind auf die Steigerung des pornografischen Inhaltes bald konditioniert und können uns nicht mehr mit geringer wertigen Dingen belohnen. Insgesamt nimmt die visuelle Wahrnehmungsfähigkeit für Sexualität im alltäglichen Leben mit dem Porno spürbar ab. Statt unsere Lust zu fördern, zerstört der Porno eher die Lustzentren und führt zu einer Abstumpfung gegenüber unserer Umwelt.

5. Gesellschaft ohne Pornografie – Fiktion oder Utopie?

Was würde in einer von der Pornografie befreiten Gesellschaft passieren?

Nun ja, es müssten sich neue Strukturen sexueller Anreizsysteme bilden müssen, dies können virtuelle wie auch reale sein, eine Kopierung neuer pornografischer Inhalte ist dabei nicht auszuschließen. Es erfordert viel gesellschaftlichen Mut, sich gegen die Pornografie zu stellen. Individuell zu verzichten, wie auch politisch einzustehen. Letztlich kann aber nur die Porno-Freiheit zu einem gelingenderen weniger sexualisierten Leben fühlen.

Erst wenn ich dem Sex weniger den ambitionierten Pathos einräume, wird er auch besser genießbar. Eine Pornografie-freie Gesellschaft kann zur Erkenntnis kommen, dass es zur unmoralischen Selbst-Repression führt und zur Kategorisierung meiner Mitmenschen.
Wo Pornografie sich in den Alltag einfindet, wird das potenzielle Tableu sexueller Leidenschaft zur Farce und auch die spielerischen Räume für Erprobung und Erkundung werden weniger mannigfaltig. Der Porno setzt uns die sexuellen Fantasien schon vor und verhindert, dass wir selbst erkennen können, was wir eigentlich mögen.
Ich bin gegen ein staatliches Verbot der Pornografie, das ließe sich auch gar nicht gut realisieren. Die Loslösung von der Pornografie liegt in der Beratung und der Selbsterkenntnis des Einzelnen. Gegen kollektive sexuelle Fantasien helfen keinerlei sexuelle Verbote, auch nicht die von sexualisierten Inhalten.

6. Fazit

Ich bin davon überzeugt, dass Pornografie eher keine harmlose kulturelle Erscheinung ist, wie es Rückert annimmt, sondern das Fallbeil der persönlichen Integrität und der seelisch- romantischen Intimiät ist. Die angenehme pornografische Ergänzung, mit der wir unser Leben verzieren, ist die Sperrung für den wahrhaftig befreiten Sex. Die normative Ordnung der Körperware (90-60-90) trägt zu Depressionen, Gefühlen der Minderwertigkeit im Ranking-Wahn des Pornografischen bei. Pornografie wird massenmedial vermittelt und findet über die Massenmedien ihre Anschlussfähigkeit.

Wer sich für ein Pornografie-freies Leben entscheidet, der wird es nicht immer einfach haben, denn zu oft läuft uns die Pornifizierung des Alltags über den Weg.

Wir fangen uns an als Menschen zu „*ranken*", nach körpertechnischer Normierung zu werten und zu hierarchisieren, der Wettbewerb der Körpernormierung in der Porno-Industrie übertragen Plattformen wie Gayromeo und Grindr auf uns.

Die Freiheit von der Pornografie liegt nicht in der Abschaffung ihrer selbst, sondern in der Selbsterkenntnis, dass das sexualisiert-dargestellte nicht „das Leben" widerspiegelt und eher ein Verhinderer von Romantizität und Mitmenschlichkeit darstellt.

7. Literaturverzeichnis

- Steffen, Nicola (2014): Porn Chic, die Pornifizierung des Alltags, dtv Deutscher Taschenbuch Verlag
- Schubarth, Caroline (2010): Pornografie als Metapher online einsehbar unter: https://www.querelles-net.de/index.php/qn/article/view/826/828
- Rückert, Corinna (2010): Pornografie, was ist das? Online unter: https://www.querelles-net.de/index.php/qn/article/view/830/832
- Aigner, Josef Christian / Hug, Theo et.al. (2015): Medialisierung und Sexualisierung: Vom Umgang mit Körperlichkeit und Verkörperungsprozessen im Zuge der Digitalisierung, Springer VS Fachmedien Wiesbaden
- Lewandoswski, Sven (2004): Sexualität in den Zeiten funktionaler Differenzierung, transcript Verlag Bielefeld
- Hester, Helen (2014): Beyond Explicit. Pornography and the displacement of Sex, State University of NY Pr

BEI GRIN MACHT SICH IHR WISSEN BEZAHLT

- Wir veröffentlichen Ihre Hausarbeit, Bachelor- und Masterarbeit

- Ihr eigenes eBook und Buch - weltweit in allen wichtigen Shops

- Verdienen Sie an jedem Verkauf

Jetzt bei www.GRIN.com hochladen und kostenlos publizieren